Модест Мусоргский М
(1839–1881)

ПОЛНОЕ СОБРАНИЕ СОЧИНЕНИЙ

Complete Works · Sämtliche Werke
Œuvres complètes

для фортепиано
for piano · für Klavier · pour piano

Urtext

Редакция · Edited by · Herausgegeben von · Edité par
Sergei Merkulov

K 193
Könemann Music Budapest

Подпрапорщик

Полька

Porte-enseigne. Polka — (Fähnrichs-Polka)

Товарищам по юнкерской школе

Introduction 1852

D. C. Polka e poi Coda

Coda
41
p
45
f
49
f
52
p
cresc.
ff
56
p
f
p
60
f
ff

Воспоминание детства

Souvenir d'enfance

A son ami Nicolas Obolensky

1857

Allegretto quasi Andante
28
pp e legato
34
poco a poco cresc.
40
45
accelerando
f
50
ff
p
riten.
pp

a tempo
55
61
ppp
66
cresc.
72
f
77
ff
fff

più dim.
poco a poco cresc.

16 октября 1857 года.

Скерцо Scherzo

(1st version)

Посвящается Любови Михайловне Бубе

Allegro assai 1858

36
sf
ff
sf
dim.
43
sf
p
50
57
p
cresc.
ff
64

Trio
p legato
il canto ben marcato
ff ben marcato

121
128
fff martellato
134
ffsf
dim.
Allegro assai
138
sf
p staccato
sf
p
144
sf
p

150
p
pp
3
156
pp
p
ma ben marcato, poco a poco cresc.
162
cresc.
f
sf
168
ff
sf
3
sf
174
ff
cresc.
sf
3
dim.

25 ноября 1858 г.

Скерцо Scherzo

(2nd version)

Посвящается А. Извольской

Allegro non troppo e staccato 1858

sf
p
mf
ff
1.
2.

71b
Ped.
cresc. sempre
Trio
79
Leggiero e cantabile
88
97
con sordino e sempre piano
104
111
p senza sordino

con sordino e piano sempre
senza sordino

165
mf
f
ff sf
174
sf
sf
Tempo di Scherzo
181
sf p staccato
p
189
p
197
p

245
251
ritardando
258
Meno mosso e cantabile
con sordino
264
270
ritard.
ritard. poco

Детские игры. Уголки

Скерцо

Children's Games-Puss in the Corner — Kinderspiele-Eckchenspiel (Ugolki) — Jeux d'enfants-dans l'encoignure

Scherzo (1st version)

Николаю Александровичу Левашову

Скоро [Vivo]

1859

41
p
49
sf cresc.
sf
sf
sf
sf
sf
f
57
mf
p
p
65
mf
72
cresc.
79
8
f
cresc.
sf
sf

87
pp
93
99
105
111
sf
117
sf
pp

123
ppp con sordino
129
sf
135
mf
sf
p
141
147
sf

153
sf
159
ppp con sordino
sf pp senza sordino
f
2 Ped.
166
cresc.
ff
p
dim.
174
p
182
p

cresc.
cresc.
cresc.

238
mf
246
cresc.
252
8
f
cresc.
sf
260
pp
f
268
p
cresc.
ff
275
pp
sf

Детские игры

Скерцо

Children's Games — Kinderspiele — Jeux d'enfants

Scherzo (2nd version)

 K 193

41
p
49
sf cresc.
sf
sf
sf
sf
sf
f
57
f
p
pp
65
sf
sf
73
sf
sf
sf
sf
sf
sf
sf
8
80
8
sf
cresc.
f
sf

87
p
94
101
108
115
cresc.
sf
p
122

129
137
143
cresc.
150
sf
8
157
pp
cresc.
164
poco a poco dim.

172
pp
p
182
p
cresc.
192
p
cresc.
202
f
211
p
220
sf cresc.
sf
sf
sf
sf
sf
f
f

229
p
pp
239
sf
248
8
cresc.
f
258
pp
267
mf
ff

Страстный экспромт Impromptu passionné

(1st version)

Посвящается Надежде Петровне Опочининой

Andantino, quasi Allegretto appassionato 1859

30
p
p
crescendo
35
f
p
ritardando
a tempo
ten.
40
sf f
pp
45
pp
51
p
ppp
più lento poco a poco ritard.
57
pp
pp
p
ppp

С. П-бг.

Страстный экспромт

Impromptu passionné

(2nd version)

Посвящается Надежде Петровне Опочининой

1859

1 октября 1859 г.

Няня и я

Из воспоминаний детства

Nanny and Me — Njanja und ich — Njanja et moi

Посвящаю памяти моей матушки

Довольно медленно [Moderato assai]

1865

22 апреля 1865 г. С. П-бг.

Дума   Douma

(Rêverie)

Посвящается Вячеславу Логинову

Theme by V. Loginov
Тема В. Логинова

1865

22 июля 1865 г.

Шалунья La Capricieuse

Посвящается Надежде Петровне Опочининой

Theme by L. Heiden
Тема гр. Л. Гейдена

26 июля 1865 г.

Интермеццо Intermezzo

in modo classico

(1st version)

1862

dolce legato
cantabile
cantabile
pp
cantabile
cresc.
mf
cresc.
sf
f martellato
ff
p dim. pp

49
dolce legato
cantabile
53
cantabile
pp
57
cresc.
cantabile
61
mf
sf
cresc.
66
sf
f
martellato
sf

cresc.
rallent. poco a poco
dim.
2 Ped.

Интермеццо Intermezzo

in modo classico
(2nd version)

Посвящается Александру Порфирьевичу Бородину

Строго [Rigoroso]

1867

22
f
sf
26
f
sf
sf
mf
p
mf
p
30
cresc.
sf cresc. sf
sf
f
ff
sf
sf
34
ff
mf p
pp
Ped.
Ped.
Ped. Ped.
39
p
mf

pp
cresc.
p
Ped.
f
ff
mf
sf
sempre cresc.

cresc.
sf
sf
ff
mf
ff
sfp
p
pp
ppp
Скоро [Vivo]
f
p
pp
2 Ped.
mf
staccato
sf
pp

non legato
sempre cresc.
non legato
dim.
staccato
cresc.

115
p
cresc.
m.s.
pp
Ped.
119
f
sf
123
127
mf
133
ppp

Строго [Rigoroso]
140
p
p
mf cresc.
144
sf
sf
sf
f
ff
mf
Ped.
148
sf
sf
cresc.
dim. p
Ped.
Ped.
152
cresc.
f
sf
sf
Ped.
Ped.
Ped.
Ped.
Ped.
155
f
sf
mf

158
sf cresc. sf
sf
sf f
161
ff
cresc.
sf
sf
sf
sf
165
non legato
p
pp
169
p
Ped.
172
Ped.
p

175
mf
179
p
Ped.
182
cresc.
f
186
sf
mf
190
cresc.
ff

Июль 67 г. Мыза Минкино

Швея

Скерцино

The Seamstress — Die Nähterin — La couturière

Scherzino

Assai vivo 1871

11
tr
sf
sfp
13
sf
pp
15
p
f
17
p
f
mf
cresc.
19
f cresc.
21
p

23
25
cresc.
27
f
dim.
29
p
32
cresc.

35
37
39
cresc.
41
8
mf
sf
sf
sf
f
sf
44
p
dim.
pp
46
cresc.
p

48
cresc.
p
50
mf
sf
sf
sf
52
sf
sf
sf
54
sf
sf
sf
sf
sf
cresc.
57
dim.
tr

59
p
61
63
pp
65
67
ppp
ritard. poco a poco
69
a tempo
pp
8

КАРТИНКИ С ВЫСТАВКИ

Воспоминание о Викторе Гартмане

Pictures at an Exhibition — Bilder einer Ausstellung — Tableaux d'une exposition

Remembrance on Victor Hartmann

Посвящается Владимиру Васильевичу Стасову

Прогулка Promenade

Allegro giusto, nel modo russico; senza allegrezza, ma poco sostenuto

1874

17
21
attacca

Гном Gnomus

Sempre vivo
Meno vivo
1.
ff
sf
p
7
Sempre vivo
12
19

29
sf
sf
sf
sf
38
Poco meno mosso, pesante
mf
45
Vivo
ff
Poco meno mosso, pesante
mf
52
Vivo
ff
Meno mosso
mf
58
Vivo
ff
Meno mosso
ff

Poco a poco accelerando
dim.
cresc.
Sempre vivo
cresc.
Velocissimo
con tutta forza

Moderato commodo assai e con delicatezza

Старый замок   Il vecchio castello

Andantino molto cantabile e con dolore

14
20
26
32
38
44

51
57
63
69
75
81

Moderato non tanto, pesamente

Тюильри Tuilleries

(Dispute d'enfants après jeux)

14
18
21
23
mf
25
p
pp
28

Быдло Bydło

29
dim.
34
sempre pesante e poco allargando
sf
cresc.
sf
sf
sf
sf
con tutta forza
40
46
p
52
pp
58
dim. e ritard.
ppp
perdendosi

Tranquillo

Балет невылупившихся птенцов

Ballet of Unhatched Chicks — Ballett der noch nicht ausgeschlüpften Küchlein — Ballet des poussins dans leur coque

Scherzino

Vivo. Leggiero

Trio
Coda
mf
cresc.
f
sf
ppp
Da Capo il Scherzino, senza Trio, e poi Coda
p
dim.
pp
attacca

"Самуэль" Гольденберг и "Шмуйле"
"Samuel" Goldenberg and "Schmuÿle"

dim.
Ped.
mf
sf
Andante. Grave
f
cresc.
poco ritard.
p
con dolore
a tempo
cresc. sf
ff

Прогулка Promenade

Allegro giusto, nel modo russico, poco sostenuto

 K 193

12
14
17
19
22
sf
attacca

Лиможский рынок
(Большая новость)

Limoges. Le Marché
(La grande nouvelle)

12
14
16
18
21

24
f
f
cresc.
ff
26
dim.
mf
sf
28
sf
sf
sf
sf
sf
sf
sf
30
sf
sf
sf
sf
sf
sf
32
sf
sf
f
f
f
f

34
f
f
sf
f
f cresc.
36
sf
sf
sf
sf
sf
sf
Meno mosso, sempre capriccioso
ff
38
39
40
poco accelerando
attacca

Катакомбы Catacombae

(Sepulcrum romanum)

Largo

8.

С мертвыми на мертвом языке

Con mortuis in lingua mortua

Andante non troppo, con lamento

tranquillo
pp il canto cantabile ben marcato
ritard. e perdendosi
ppp

Избушка на курьих ножках (Баба-Яга)

The Hut on Fowl's Legs — Die Hütte auf Hühnerfüssen — Chaumière a pattes de poule

Andante mosso
p
non legato

(102)
leggiero
105
107
m.s.
m.s.
ten.
ten.
non legato
111
m.s.
m.s.
ten.
ten.
116
marcato
119
f
f
sf
sf
p
pp
dim.
ppp

Allegro molto
cresc.

153
160
167
174
180
sf
8

187
192
197
202
207
poco ritardando
attacca

Богатырские ворота
(В стольном городе во Киеве)

The Great Gate of Kiev — Das Bohatyr-Tor in Kiew — La Grande Porte de Kiev

35
dim.
45
8
f energico
51
55
59
63
ff senza espressione

71
dim.
81
mf
sf
Ped.
sf
Ped.
87
91
cresc.
95
f
99
cresc.

mf cresc.
f
poco a poco più cresc.
Meno mosso, sempre maestoso
ff

22 июня 1874 г. в Петрограде

На южном берегу Крыма.
Гурзуф у Аю-Дага (Юрзуф)

On the Southern Shore of the Crimea — Am Südufer der Krim — Sur le littoral du sud en Crimée

Дарье Михайловне Леоновой

1879

poco ritard.
a tempo
cresc.

Energico
poco ritard.
Tranquillo a tempo
poco allargando
meno mosso e più allargando
rallent.
dim.

Largo
86
pp
89
pp
poco cresc.
92
pp
poco cresc.
95
pp
98
ritard.
ppp

Близ южного берега Крыма

Каприччио

Close to the Southern Shore of Crimea — In der Nähe des Südufers der Krim — Près du littoral en Crimée

Capriccio

1880

Vivo, ma non troppo. Pesante

20
sf
sf
f
sf
p
cresc.
24
sf
p
cresc.
dim.
28
sf
sf
sf
32
sf
sf
sf
36
cresc.
sf
p

40
Andantino grazioso
p
pp
44
48
52
56
dim.
pp

poco a poco più ritard.
pp
cresc.

Vivo, ma non troppo. Pesante
86
sf
90
94
98
102
106
cresc.
f
p

110
sf
p
cresc.
dim.
sf
114
sf
sf
sf
118
sf
sf
cresc.
122
mf
cresc.
126
f

Раздумье
(Листок из альбома)

Méditation
(Feuillet d'album)

1880

poco ritard.
a tempo
21
f
26
poco ritard.
Largamente
p
f
p
30
ritard.
f
p
f
p
Poco meno mosso
34
pp
Più meno mosso
38
poco cresc.
pp
poco cresc.
pp e ritard.

Слеза

A Tear — Eine Träne — Une Larme

1880

В деревне

(Impromptu)

In the Village — Im Dorf — Au village

Ивану Федоровичу Горбунову

1880

Grandioso. Meno mosso
17
marcato il canto
f
il basso ben marcato
21
25
Allegretto scherzoso, non troppo allegro
p
f
33
cresc. e accel.
poco ritard.
A tempo, non agitato (Alla zingara)
41
sf

poco riten.
delicatissimo
sf
sfp
pp
sf
a tempo
sf
sf
poco ritard.
a tempo
mf
sf
p
assai ritard.
più ritard.
sfp
poco a poco dim.
sfpp

Tempo I
Poco a poco più vivo al fine.
ritenente
Capriccioso
a tempo
ritenente
a tempo
ritenente
cresc.

Ярмарочная сцена

из оперы "Сорочинская ярмарка"

The Market Scene — Die Jahrmarktszene — La scène sur la place de la foire
(Sorochintsy Fair)

ritard.
Poco meno mosso
Delicatissimo

33
pp
37
poco riten.
41
a tempo
p
45
Moderato, scherzando
48
p
52
cresc.
sf
sf

Giocoso
56
f
sf
60
64
sf
68
72
ff
sf
sf
sf
mf

75
sf
79
82
sf
sf
86
poco a poco dim.
90
sf
pp

Andante con moto
fsf
sf
mf
sf
sf
sf
sf

105
ff
f
107
sf
109
allargando
pp
112
114
ff

Гопак веселых паробков
из оперы "Сорочинская ярмарка"

Gopak of joyful fellows
Sorochintsy Fair

Poco allargando
ten.
ff
ten.
ten.
a tempo
p
sf
5
6
p
sf
f
sf
p
poco cresc.
sf
mf
cresc.

67
sf
sf
sf
mf
73
cresc.
sf cresc.
79
sf
f
sf mf
85
f
dim.
91
mf
dim.
p
97
pp
ppp
8

ПРИЛОЖЕНИЕ — APPENDIX

Первое наказание

Из воспоминаний детства(N2)

(Няня запирает меня в темную комнату)

The First Punishment — Die erste Strafe — La première punition

11
13
16
18
20

31
33
35
37
39

41
cresc.
43
f
3
45
dim.
sff
48
8
fff
sff
dim.
50
f
mf
p
sf

INDEX

The Critical Notes which belong to this Urtext edition are available at www.koenemann.com

H-1093 Budapest, Vámház krt. 5.
Responsible co-editor: Vladimir Ryabov

K 193

Distributed worldwide by Tandem Verlag GmbH
Im Mühlenbruch 1, D-53639 Königswinter

Printed in EU

ISBN 3-8331-1345-6